**DIARIO GUIADO PARA RELLENAR Y
REGALAR A MAMÁ**

I0541256

# MI MAMÁ ES
# GENIAL

## 101 RAZONES POR LAS QUE TE QUIERO,
## MAMÁ

YOU WILL ROCK BOOKS

# DEDICATORIA

Para mi mamá,

es una gran bendición tenerte como mi mamá en esta vida.

Eres la persona más fuerte que conozco, la más resiliente, y la más divertida.

Espero que disfrutes cada página de este libro.

Eres la mejor mamá del mundo.

¡Te quiero de aquí a la luna!

# QUERIDA,

_____

Este diario es para ti.

Aquí van 101 razones por las que te quiero, mamá.

# CON AMOR,

_____

# CÓMO USAR ESTE LIBRO

Hola!

Si, soy el libro hablándote a ti.

Todos mis espacios en blanco son para que los rellenes, ¡así que puedes empezar en cualquier página!

La única regla es que uses tu creatividad y que te diviertas.

Ahora, ¡enséñale a tu mamá cuánto la quieres!

# MI REGALO PARA TI

Solo una cosa antes de que empieces.

Seré breve, aquí va algo para ti.

Ya has hecho mucho, comprándole a tu mamá este libro para mostrarle tu agradecimiento.

Lo menos que yo puedo hacer por ti, es darte esta guía gratuita de 14 regalos muy sencillos para mamá.

# MI REGALO PARA TI

Escanea el código QR, a continuación, para acceder a la guía.

Bueno, ya fue suficiente cháchara.

¡Empezemos!

# RECUERDOS

Las inolvidables.

"SIN EMBARGO, LOS RECUERDOS SON LAS COSAS MÁS VALIOSAS QUE TENEMOS."

-DESCONOCIDO

# RECUERDOS

## 1. MI RECUERDO FAVORITO CONTIGO ES

_____

_____

_____

## 2. TRES CUALIDADES QUE ADMIRO DE TI SON:

**1** _____

**2** _____

**3** _____

## 3. ALGO QUE APRENDÍ DE TI Y QUE UTILIZO TODOS LOS DÍAS ES

_____

_____

_____

## 4. UNA CANCIÓN QUE ME RECUERDA MUCHO A TI ES

_____ PORQUE _____

_____

_____

_____

## 5. UNO DE LOS MOMENTOS MÁS GRACIOSOS, QUE HEMOS COMPARTIDO, FUE CUANDO

_____

_____

_____

## 6. TRES COSAS QUE ME HAS ENSEÑADO, Y QUE MÁS AGRADEZCO, SON:

**1** _____

**2** _____

**3** _____

**7. EL OLOR QUE ME RECUERDA A TI, CADA VEZ QUE LO HUELO, ES** _____ **PORQUE**

_____

_____

**8. LO MÁS FELIZ QUE TE HE VISTO FUE CUANDO**

_____

_____

_____

_____

**9. CUANDO PIENSO EN TI, LO PRIMERO QUE SE ME VIENE A LA CABEZA ES**

_____

_____

_____

**10. UNA PELÍCULA O SERIE, QUE ME RECUERDA A TI,**

_____  **PORQUE**  _____

_____

_____

_____

## 11. SI PUDIERA CONGELAR EL TIEMPO, UN MOMENTO CONTIGO SERÍA

_____

_____

_____

## 12. UNA VEZ QUE ME HICISTE REIR A CARCAJADAS FUE CUANDO

_____ **PORQUE** _____

_____

_____

_____

**13. LA VEZ QUE ME HICISTE SENTIR INVENCIBLE FUE CUANDO**

_____

_____

_____

**14. SI PUDIERA PARECERME MÁS A TI, DE UNA MANERA TONTA, SERÍA**

_____

_____

_____

_____

## 15. UNA FRASE TUYA, QUE NUNCA OLVIDARÉ, ES

_____

_____

_____

## 16. EL MOMENTO FAMILIAR FAVORITO DE MI INFANCIA FUE

_____

_____

_____

_____

**17. UNA TRADICIÓN ESPECIAL QUE TENEMOS, Y ME ENCANTA, ES**

_____

_____

_____

**18. SI PUDIERA DESCRIBIRTE EN UNA PALABRA, SERÍA _____ PORQUE**

_____

_____

_____

## 19. LO QUE MÁS APRECIO DE TI ES

_____

_____

_____


## 20. UN MOMENTO QUE SIEMPRE ME HACE REIR ES CUANDO TU

_____

_____

_____

**21. UNA COSA QUE SIEMPRE DICES, QUE ME HACE SONREIR, ES**

_____

_____

_____

**22. UN MOMENTO CUANDO ME HICISTE SENTIR MUY AMADO/A FUE**

_____

_____

_____

_____

## 23. TU MEJOR CONSEJO DE VIDA ES

_____

_____

_____

## 24. UN RECUERDO DE PEQUEÑO, QUE NUNCA OLVIDARÉ, ES

_____

_____

_____

_____

# HUMOR

Las graciosas.

# CUÁL ES LA FRUTA MÁS DIVERTIDA?

"¡LA NARANJA JA JA JA!"

# HUMOR

**25. LO MÁS TONTO QUE HAS HECHO FUE**

_____

_____

_____

**26. SI PUDIERA DESCRIBIR TU RISA, DIRÍA QUE SUENA COMO**

_____

_____

_____

_____

## 27. SI EXISTIERA UNA COMPETENCIA DE "CHISTES DE MAMÁ", TU MEJOR CHISTE SERÍA

_____

_____

_____

## 28. SI PUDIERA CAMBIARTE EL NOMBRE, EN BASE A T PERSONALIDAD, TU NUEVO NOMBRE SERÍA

_____

_____

_____

_____

**29. UN MOMENTO CONTIGO QUE ME HIZO REÍR, Y QUE NUNCA OLVIDARÉ, FUE CUANDO**

_____

_____

_____

**30. HAS DOMINADO EL SUTIL ARTE DE**

_____

_____

_____

_____

**31. SI_____ FUERA UNA MONEDA, SERÍAS MILLONARIA POR LA MANERA EN LA QUE**

_____

_____

_____

**32. EL CONSEJO MÁS RIDÍCULO QUE ME HAS DADO (Y QUE REALMENTE FUNCIONÓ) FUE**

_____

_____

_____

**33. TU DISFRAZ DE HALLOWEEN MÁS VERGONZOSO FUE**

_____

_____

_____

**34. LA VEZ QUE TÚ** _____

_____

**EN VEZ DE** _____

_____

_____ **FUE DEMASIADO MAMÁ**
**DE TU PARTE.**

**35. SI EXISTIERA UN EVENTO OLÍMPICO DE**

_____

_____

_____

**¡TE LLEVARÍAS LA MEDALLA DE ORO!**

**36. UNA VEZ QUE ME HICISTE PASAR VERGÜENZA (DE LA MEJOR MANERA) FUE CUANDO**

_____

_____

_____

**37. EL MEJOR "CHISTE DE MAMÁ" QUE ME HAS CONTADO ES**

_____

_____

_____

**38. LO MÁS TONTO DE TI, QUE ME ENCANTA, ES**

_____

_____

_____

## 39. SI EXISTIERA UN PREMIO POR

_____

_____

_____

GANARÍAS, SIN DUDA.

## 40. TU REGLA DE CRIANZA MÁS "CREATIVA" FUE

_____

_____

_____

¡Y TODAVÍA NO TIENE SENTIDO!

**41. SI EXISTIERA UN TROFEO PARA "LA MAMÁ MÁS
_____ DEL MUNDO", LO GANARÍAS PORQUE**

_____

_____

**42. AHORA QUE SOY MAYOR, ES HORA DE CONTARTE
QUE**

_____

_____

_____

**43. NO SUPERO AQUELLA VEZ QUE TU**

_____

_____

_____

**44. SI PUDIERA INTERCAMBIAR CUERPOS CONTIGO POR UN DÍA,**

_____

_____

_____

## 45. LO MÁS QUE TE HE VISTO SUDAR FUE CUANDO

_____

_____

_____

## 46. EL COMENTARIO MÁS DRAMÁTICO QUE ME HAS DICHO ES

_____

_____

_____

_____

**47. SI PUDIERA EXPLICAR TU PERSONALIDAD CON EFECTOS DE SONIDO, SONARÍA COMO**

_____

_____

_____

**48. ¿RECUERDAS AQUELLA VEZ EN PÚBLICO CUANDO**

_____

_____

_____ ?

**49. A MEDIDA QUE FUI CRECIENDO, LO QUE MÁS ME SORPRENDIÓ SABER DE TI FUE**

_____

_____

_____

**50. ME ENSEÑASTE A ENCONTRAR LA RISA EN**

_____

_____

_____

# GRATITUD

Las agradecidas.

"CUANTO MÁS AGRADECIDO ESTOY, MÁS BELLEZA VEO."

-MARY DAVIS

# GRATITUD

## 51. ME HICISTE SENTIR ORGULLOSO/A CUANDO

_____

_____

_____

## 52. UNA ORACIÓN QUE DESCRIBE NUESTRA RELACIÓN ES:

_____

_____

_____

_____

**53. UNA FORMA EN LA QUE HAS HECHO MI VIDA MEJOR E$**

_____

_____

_____

**54. SI PUDIERA AGRADECERTE POR UNA SOLA COSA, ESTA SERÍA**

_____

_____

_____

**55. ADMIRO TU**

_____

_____

_____

**POR ENCIMA DE CUALQUIER COSA.**

**56. UNO DE TUS HÁBITOS, QUE ESPERO ADOPTAR, ES**

_____

_____

_____

_____

## 57. LA MEJOR PARTE DE PASAR TIEMPO CONTIGO ES

_____

_____

_____

## 58. TRES DE TUS SUPER PODERES SON:

**1** _____

**2** _____

**3** _____

**59. SI PUDIERA TOMAR PRESTADA UNA DE TUS HABILIDADES POR UN DÍA, SERÍA TU HABILIDAD PARA**

_____

_____

_____

**60. UN CONSEJO QUE ME DISTE Y QUE SIN DUDA TRANSMITIRÉ ES**

_____

_____

_____

_____

## 61. ME HAS INSPIRADO A

_____

_____

_____

## 62. EL MEJOR CUENTO QUE ME HAS CONTADO FUE

_____

_____

_____

_____

## 63. ALGO QUE HICISTE, QUE ME SORPRENDIÓ, FUE

_____

_____

_____

## 64. SÉ QUE SIEMPRE PUEDO DEPENDER DE TI PARA

_____

_____

_____

**65. LO MÁS AMABLE QUE HAS HECHO POR MÍ ES**

_____

_____

_____

**66. AGRADEZCO MUCHO QUE ME HAYAS ENSEÑADO A**

_____

_____

_____

**67.  SIEMPRE PIENSO EN TI, CADA VEZ QUE VEO**

_____

_____

_____

**68. ALGO QUE HACES MEJOR QUE TODOS LOS DEMÁS ES**

_____

_____

_____

_____

**69. UN PASATIEMPO O HABILIDAD, QUE HE ADQUIRIDO GRACIAS A TI, ES**

_____

_____

_____

**70. ME HACES SENTIR SEGURO/A CUANDO**

_____

_____

_____

**71. ERES LA ÚNICA PERSONA QUE ME HACE SONREÍR, INCLUSO CUANDO**

_____

_____

_____

**72. TU BONDAD CUANDO** _____

_____

_____

_____

**ME MOSTRÓ LO QUE SIGNIFICA DE VERDAD PREOCUPARSE POR ALGUIEN.**

**73. EL MEJOR CONSEJO QUE ME HAS DADO PARA LA FELICIDAD ES**

_____

_____

_____

_____

**74. SI PUDIERA EMBOTELLAR TU SABIDURÍA, LA ETIQUETA DIRÍA** _____

_____

**Y LAS INSTRUCCIONES DIRÍAN, "USO PARA...**

_____

_____

**75. UN MOMENTO DONDE TUS PALABRAS CAMBIARON EL CURSO DE MI DÍA FUE CUANDO**

_____

_____

_____

**76. TUS ABRAZOS ME RECUERDAN A**

_____

_____

_____

# AMOR

Las encantadoras.

"TODO LO QUE SOY TE LO DEBO A TI. TE QUIERO, MAMÁ."

-DESCONOCIDO

# AMOR

## 77. ME ENSEÑASTE A NUNCA OLVIDAR

_____

_____

_____

## 78. UNA VEZ QUE ME PERDONASTE, CUANDO NO ME LO MERECÍA, FUE CUANDO

_____

_____

_____

_____

**79. EN MI OPINIÓN, TU FORTALEZA MÁS GRANDE ES**

_____

_____

_____

**80. UNA DE LAS COSAS QUE MÁS ADORO DE TI ES**

_____

_____

_____

**81. NUNCA TE LO HE DICHO, PERO ADORO**

_____

_____

_____

**82. SI PUDIERA DECIRLE AL MUNDO UNA COSA SOBRE TI, ESTA SERÍA**

_____

_____

_____

_____

**83. UNA TRADICIÓN QUE INICIASTE, Y QUE SIEMPRE LLEVARÉ ADELANTE, ES**

_____

_____

_____

**84. LA MANERA EN LA QUE ME APOYASTE DURANTE**

_____

_____

_____

**HIZO QUE ME DIERA CUENTA DE LO MUCHO QUE CREES EN MI**

## 85. ME ENSEÑASTE A APRECIAR LA BELLEZA DE

_____

_____

_____

## 86. UN MOMENTO DE TRANQUILIDAD QUE COMPARTIMOS, Y QUE NUNCA OLVIDARÉ, ES

_____

_____

_____

_____

**87. UNA FORMA EN LA QUE ME HAS DEMOSTRADO TU AMOR ES**

_____

_____

_____

**88. UN MOMENTO EN EL QUE ME DISTE CONFIANZA FUE CUANDO**

_____

_____

_____

**89. SI PUDIERA VIAJAR EN EL TIEMPO CONTIGO, A UN MOMENTO QUE AMBOS/AS ADORAMOS, VIAJARÍA A**

_____

_____

_____

**90. HACES MI VIDA MÁS BONITA AL**

_____

_____

_____

_____

**91. SI PUDIERA ESCOGER UNA DE TUS LECCIONES, PARA ENSEÑARSELA AL MUNDO, ESTA SERÍA**

_____

_____

_____

**92. ALGO PEQUEÑO QUE HICISTE, Y QUE SIGNIFICA EL MUNDO PARA MI, FUE**

_____

_____

_____

93. SI PUDIERA DARTE UNA OVACIÓN DE PIE POR ALGO, SERÍA POR

_____

_____

_____

94. SI PUDIERA DESCRIBIR EL IMPACTO QUE HAS LOGRADO EN MI VIDA, EN UNA ORACIÓN, SERÍA:

_____

_____

_____

## 95. SI PUDIERA CREAR UN DÍA FERIADO NACIONAL PARA TI, SE LLAMARÍA

_____

## Y LO CELEBRARÍAMOS

_____

_____

## 96. EL ACTO DE AMOR MÁS DULCE QUE ME HAS MOSTRADO, HA SIDO

_____

_____

_____

## 97. ME HAS ENSEÑADO A QUERER

---

---

---

## 98. SI PUDIERA AGRADECERTE UN MILLÓN DE VECES POR ALGO, ESTO SERÍA

---

---

---

### 99. SI PUDIERA ESCRIBIR UN LIBRO SOBRE TI, EL TÍTULO SERÍA

_____

_____

_____

### 100. SI PUDIERA DESCRIBIR EL SENTIMIENTO DE TU AMOR, SE SENTIRÍA COMO

_____

_____

_____

# ESPECIAL

Las más especial.

"¡MI MAMÁ ES GENIAL!
AQUÍ VAN
101 RAZONES
POR LAS QUE
TE QUIERO, MAMÁ"

-LEXI KAZ

# ESPECIAL

## 101. TE QUIERO MAMÁ PORQUE

_____

_____

_____

_____

_____

# UN ÚLTIMO AGRADECIMIENTO

_____

_____

_____

_____

## CON AMOR,

_____

# PREMIO A LA MAMÁ #1 DEL AÑO

¡Esperamos que hayas disfrutado completando este libro!

Le has regalado a tu mamá algo que amará por siempre.

Así que tengo una última pregunta para ti.

**¿Crees que es la Mamá #1 del Año?**

¡Espero que hayas dicho que sí!

# PREMIO A LA MAMÁ #1 DEL AÑO

Si has dicho que sí, ¡haz lo siguiente!

1. Publica un vídeo de la reacción de tu mamá al regalarle este libro.

2. Etiquétanos en **TikTok** **@Youwillrockbooks**.

3. Menciona por qué crees que se merece ganar el premio a la mamá del año.

El ganador recibirá un premio, en metálico, de **You Will Rock Books** para fomentar nuestra misión de apoyar a las mamás de todo el mundo.

# PREMIO A LA MAMÁ #1 DEL AÑO

El mejor vídeo ganará el **Premio a La Mejor Mamá del Año.**

Ahora, ¡regálale este libro!

Para más información sobre el **#Premio a La Mejor Mamá del Año,** visita www.Youwillrock.com

envíanos un correo electrónico con tus preguntas a info@youwillrock.com

# ¡COMPÁRTELO!

Si te ha gustado nuestro libro, por favo
déjanos una reseña honesta donde lo
hayas comprado.

De este modo, ¡otra mamá podrá recib
el agradecimiento que se merece!

# FIN.

www.ingramcontent.com/pod-product-compliance
Lightning Source LLC
Chambersburg PA
CBHW051644120626
46551CB00015B/2211